إعلام الإخوان.. البداية والنهاية

محمد خلفان الصوافي

اتجاهات حول الإسلام السياسي (6)

أكتوبر 2021

نبذة عن

مركز تريندز للبحوث والاستشارات

يُعد مركز "تريندز للبحوث والاستشارات" مؤسسة بحثية مستقلة، تأسس عام 2014، ويهتم باستشراف المستقبل في جوانبه الاستراتيجية والسياسية والاقتصادية، وتتبع القضايا العالمية المختلفة. كما يهدف المركز إلى تحليل الفرص والتحديات على مختلف الصُّعُد الجيوسياسية الراهنة، وما تحمله من متغيرات محتملة، مع محاولة إيجاد إجابات وتفسيرات علمية وموضوعية من شأنها المساهمة في التأثير في اتجاهات الأحداث مع مراعاة نواحي التحليل والنقد والاستشراف.

ويقدّم المركز، من أجل تحقيق غاياته العلمية، دراسات رصينة ذات أبعاد استشرافية مستقبلية، ويطرح أفضل البدائل الممكنة لمساعدة صنّاع القرار في معرفة التطورات الإقليمية والدولية بشكل أعمق، والاستفادة مما توفره من فرص. كما يقوم المركز برصد الاتجاهات والتغييرات الاستراتيجية والاقتصادية والإقليمية والدولية، والتنبؤ بآثارها المستقبلية، وذلك وفق الضوابط العلمية المتعارف عليها دولياً لدى أعرق مراكز التفكير والبحث العلمي.

قائمة المحتويات

ملخص تنفيذي

تحاول هذه الدراسة تقديم قراءة نقدية للإعلام التابع لجماعة "الإخوان المسلمين" الإرهابية، والعمل على إظهار نقاط قوته وضعفه. وتسعى إلى استشراف مستقبل هذا الإعلام على خلفية المصير المظلم للجماعة كلها، والمواجهة التي تمت مع الإعلام الرسمي للحكومات العربية المكافحة للتطرف وهي: المملكة العربية السعودية، ودولة الإمارات العربية المتحدة، وجمهورية مصر العربية، ومملكة البحرين، في فترة ما بعد ما سُمي بـ "الربيع العربي".

واعتمدت الدراسة على متابعة ما ينشره الإعلام الإخواني وملاحظته في وسائله المختلفة كأداة للتعرف على خطاب "الإخوان المسلمين" الموجَّه إلى الرأي العام وطريقة عرض قضاياهم وخلافاتهم مع الحكومات العربية. وتُعدُّ الملاحظة إحدى الوسائل الفعَّالة لجمع البيانات وتحليل مضمونها ثم ربطها بالمتغيرات الجارية على الساحة المجتمعية لتقديم فهم أعمق لمستقبل الظاهرة الإعلامية أو السياسية.

وقد تم التركيز على عدد من المحددات المتعارف عليها في قياس مدى نجاح أي تجربة إعلامية وأهمها مصداقية إعلام "الإخوان المسلمين" بعد انكشافهم مجتمعياً، وعدم احترام ثقافة المجتمعات العربية وقيمها في استخدام الخطاب الإعلامي. ثم الرهان على استمرارية التمويل الذي يتلقاه هذا الإعلام من دول لها أهدافها ومشروعاتها ضد الدول التي وقفت في وجه التمدد السياسي للجماعة، خاصة مصر، ودولة الإمارات العربية المتحدة، والمملكة العربية السعودية، ومملكة البحرين. وأخيراً الأدوات التي تستخدمها هذه الجماعة، خصوصاً الكوادر البشرية، ومدى صلاحيتها لتقديم الرسالة الإعلامية في هذه اللحظة من التاريخ.

وبرغم قصر الفترة الزمنية التي قضتها جماعة الإخوان المسلمين في الحكم؛ فإن تلك الفترة أسهمت بشكل كبير في تشكيل رأي عام عربي أجمع على فشل هذه الجماعة في القيام بأي دور تنموي بمظلة وطنية، كما كشفت أن مستقبله إعلامياً لن يكون أفضل منه سياسياً .

وقد توصل الباحث في الدراسة إلى عدد من النتائج، من أهمها أن الإعلام الذي يُعدُّ وسيلة فعالة لصناعة أو تحسين صورة الدول والمنظمات، تحوَّل لدى جماعة الإخوان المسلمين إلى أداة جديدة لتسجيل فشل إضافي لهذا التنظيم أمام المجتمع. وتأكيد أنهم (بصفتهم جماعةً وأفراداً) غير جديرين بخدمة أوطانهم، بسبب تقديم مصلحة الجماعة أو الدول التي تدعمهم على الوطن.

مقدمة

تمر جماعة "الإخوان المسلمين" بأصعب المراحل التي مرَّت بها منذ إنشائها عام 1928 على يد حسن البنَّا في مصر. فهي مرحلة مصيرية تواجه فيها الجماعة تحدياً للبقاء وليس فقط خطر الانتكاس والتراجع بسبب الضربات التي تلقتها في أكثر من بلد بعد سقوط حكمها في مصر عام 2013 وإعلانها تنظيماً إرهابياً في عدد من الدول العربية.

فالتحدي الآني يتجاوز من حيث جِدته ما عاشته الجماعة خلال مراحل الوجود والانتشار. وهو من أصعب التحديات منذ فترة الخمسينيات والستينيات من القرن الماضي، عندما كانت تواجه تضييقاً أمنياً خلال عهد الرئيس المصري الراحل جمال عبد الناصر، فالضربات الأخيرة التي تلقتها الجماعة أتت على آخر معاقلها وضيَّقت من هوامش تحركها وشعبيتها، حيث تفجّر غضب الشعوب ضدها بعد أن انكشفت أجنداتها التدميرية وانفضحت شعاراتها المزيفة.

ولم يعد الملاذ الاجتماعي الذي كان "الإخوان المسلمون" يستمدون شرعيتهم منه آمناً لهم. فقد صارت خلافاتهم، الآن، مع الشعوب العربية - التي كانت تتأمل منهم خيراً- وليست الحكومات. وجاء رفضهم - هذه المرة- من المواطنين الساخطين عليهم بسبب أجنداتهم التدميرية، فضلاً عن أن معظم وسائل الإعلام أصبحت معادية لهم، عدا الوسائل الخاصة بهم وتلك الموجودة في الدول الداعمة لهم.

وأتاح الصعود الإعلامي وتصدّر المشهد السياسي العربي، خلال مرحلة الفوضى الأمنية التي شاعت خلال الأعوام 2011-2013، للإخوان إظهار توجهاتهم الفكرية التي اجتاحت عدداً من الدول العربية، فيما سُمِيَ بِـ"الربيع العربي". ومثَّل ذلك بدوره فرصة غير مرتبة لفضح وكشف الوجه القبيح لهذا

التيار التخريبي، الذي استخدمته بعض الحكومات لتحقيق أهدافها ضد الدول والمجتمعات العربية.

ويمكن تحديد دافعين اثنين للكتابة حول الحضور والأداء الإعلامي الإخواني، أولهما ناتج عن الرغبة في فهم موقف الرأي العام العربي من هذا التنظيم بعد أن أظهر، عبر واجهاته الإعلامية، جزءاً من صورته الحقيقية وبالتالي إمكانية استشراف حجم التراجع في الدعم والتعاطف الذي كان يحظى به سابقاً في المجتمعات العربية، التي كانت توفر له الحاضنة الرئيسية. أما الدافع الثاني: فهو الرغبة في فهمٍ أفضل لمستقبل هذا التنظيم، على المستويين السياسي والإعلامي، في ضوء تراجع شعبيته جرّاء ما تسبب به من خراب ودمار في عدد من دول المنطقة.

وتحاول هذه الدراسة تقديم رؤية نقدية لتجربة جماعة "الإخوان المسلمين" وقراءة هادئة لنمط تعاملها مع وسائل الإعلام المختلفة. وذلك من أجل فهم تلك التجربة ورصد مخاطرها على قيم المهنة الإعلامية وأخلاقها وعلى استقرار المجتمعات الإنسانية. ولا تقتصر الدراسة على توضيح إدراك الجماعة أهمية الإعلام كسلاح ترويجي لمشروعها السياسي، وتحسين صورتها التي ساءت بشكل خَطِر، وإنما ترصد محاولات "الإخوان" استخدام الإعلام كسلطة مجتمعية أيضاً؛ لهدم الثقافة السياسية القائمة في المجتمع وزعزعة أركان نظامه وتشويه صورة مسؤوليه. حيث بادر الإخوان إلى إنشاء قنوات تلفزيونية وصحف خاصة بهم، بعد أن كانوا في السابق يستعينون بصحف غيرهم للتعريف بأفكارهم وتوجهاتهم. كما اتجهت الجماعة إلى المواقع الإلكترونية حتى تستطيع مواكبة الاهتمام المتزايد بالإعلام الإلكتروني، بصفتهِ قوة سياسية ومجتمعية تتحرك بحرية في الفراغ السياسي الذي خلَّفه تنحي الرئيس مبارك.

والمقصود بالإعلام التابع للإخوان المسلمين، هو الوسائل الإعلامية المتعارف عليها كلها سواء التقليدية منها: الصحافة والتلفاز والإذاعة، أو وسائل الإعلام الرقمي، أو الجديد: المواقع الإلكترونية وحسابات التواصل الاجتماعي أو ما يعرف بـ(السوشيال ميديا) التي من ميزاتها أنها لا تلتزم الحدود الوطنية للدول.

وتتمثَّل الفرضية البحثية التي تنطلق منها الدراسة في أن فترة "إخفاء النيات" أو ما يسمى "التقية السياسية" للإخوان المسلمين التي امتدت من عام 1928 تاريخ تأسيس الجماعة إلى عام 2011، أفادتهم في خداع المجتمع بحقيقة نياتهم. وأن عدم استخدامهم للإعلام بمفهومه المتعارف عليه في صناعة الصورة وتسويق برامجهم كان عاملاً مساعداً لهم في استمرارية الوجود وكسب المؤيدين. وأن الظهور الإعلامي السريع المكثَّف فضحهم أمام المجتمع وكشف ضعف مواقفهم وسطحية تفكيرهم، فكان سلاحاً ضدهم. وسيقوم الباحث باختبار هذه الفرضية انطلاقاً من تجربة جماعة الإخوان في مصر، لأن أي تقييم لتجربة هذه الجماعة ينبغي أن يبدأ من مصر وإلا كان التقيّيم ناقصاً.

ولأغراضٍ بحثية، حُدَّدَ النطاقان الموضوعي والجغرافي للدراسة، بحيث تركز على الإعلام الخاص بالمركز الأم لجماعة "الإخوان المسلمين" أي الفرع المصري للجماعة. مع التسليم باختلاف مسار الجماعة ومصيرها في مصر عن بقية الفروع في المنطقة بعد 3 يوليو 2013، مثل تونس التي يسيطر فيها الإخوان على البرلمان بقيادة راشد الغنوشي، زعيم حركة النهضة التونسية[1]. لكن يظل الفرع الأساسي هو القاطرة والنموذج الأكبر لأحوال الجماعة وتوجهاتها كلها، مع الأخذ في الحسبان بأن المقصود بفرع الجماعة المصري؛ هو الإدارة والقيادة والتوجهات، وليس التمركز الفعلي الجغرافي

---

1. في 25 يوليو 2021 قام الرئيس التونسي قيس سعيّد بتجميد عمل الحكومة والبرلمان الذي كان يترأسه راشد الغنوشي.

حيث يقيم عدد كبير من أعضاء الجماعة خارج مصر في الوقت الراهن. فضلاً عن أن النوافذ الإعلامية الإخوانية تُموَّل وتُدار وتعمل جميعها في الوقت الراهن من خارج مصر.

ولابدّ من التنويه على أن فكرة إعداد هذه الدراسة انبثقت من ورقة بحثية قدمها الباحث في ندوة نظمها **"مركز تريندز للبحوث والاستشارات" في نوفمبر 2020**، وعمد إلى تطويرها بما يساعد على إجراء تقييم وافٍ لتجربة "الإخوان المسلمين" مع الإعلام.

وتجسد هذه الدراسة نِتاج متابعة وقراءة وتحليل مضمون للخطاب الإعلامي الإخواني الموجَّه إلى الرأي العام، وما يحتويه من توجهات سياسية، ومن ثم محاولة تقييم أثره في المجتمع ووزنه النسبي في مواجهة الإعلام الوطني[2]. ومن ثم تعرض الدراسة "نظرة بانورامية" للأسباب التي دفعت الإخوان للجوء إلى الإعلام، ثم تتطرق إلى تعريف المقصود بالإعلام الإخواني، وتتناول التحديات والمصاعب في تعاطي الإخوان مع الإعلام أيضاً، الذي يعدُّه الباحث "المنبر البديل" لهم. ثم تقوم بتقييم الصعود الإخواني من خلال المحتوى الإعلامي الذي قدمه الإخوان إلى الرأي العام. وأخيراً، يستشرف الباحث مستقبل هذا الإعلام وفق معطيات متعارف عليها إعلامياً وكذلك وفق معطيات خاصة بهذه الجماعة.

---

2. المقصود بالإعلام الوطني هنا هو الإعلام الرسمي للدولة الذي مثل نموذجاً في مواجهة إعلام الإخوان واستعان بالطرق كلها لتوضيح دورهم الحقيقي بما في ذلك الإنتاج التلفزيوني الدرامي، مثل المسلسل الخليجي "خيانة وطن" الذي تم عرضه على تلفزيون أبوظبي واشترك فيه نخبة من الممثلين الخليجيين والذي فضح الإخوان وأفكارهم الهدامة.

أولاً: الإعلام من منظور "الإخوان"

انطلقت آليات تعامل جماعة الإخوان المسلمين مع أعضائها والمجتمع المحيط بها، من أفضلية التواصل بشكل مباشر دون وسائط. وذلك كانعكاس لإعلاء مكانة تنشئة الفرد في مسارات العمل الإخواني.

ووفق ذلك؛ فإن وسائل الإعلام من صحافة وإذاعة وغيرها، وحتى الخطاب "الإعلامي" الموجَّه إلى عامة الشعب (من غير أعضاء الجماعة والمتعاطفين معها) لم يكن يحتل أولوية كبيرة لدى الجماعة، إلا في حالات مُحددة، وهي عندما كانت تشعر أن المجتمع يحتاج إلى معرفتها لكن ليس لتأسيس علاقة ممتدة. وخلال فترة تأسيس الجماعة على يد حسن البنَّا، كانت الصحف والمطبوعات الورقية أداة مهمة في التعريف بالجماعة ونشر أفكارها وتوسيع نطاق أعضائها، كونها كانت الأساليب المتوافرة. ولاحقاً لعبت منابر المساجد دوراً أكبر خاصة في المناطق الريفية وضواحي المدن، وهي مساجد صغيرة تعرف بـ "الزوايا"[3].

وقد حرصت الجماعة في مراحل تاريخية تالية على تسويق صورة غير صحيحة في الأوساط الشعبية، مفادها أنها محاصرة ومحرومة من حق التعبير والتفاعل مع الرأي العام بسبب التضييق الحكومي عليها. والحقيقة أن معاناتها من هذا التضييق، ربما كانت صحيحة في بعض الفترات خاصة بعد حادثة المنشية عام 1954 خلال فترة حكم الرئيس الراحل جمال عبد الناصر، إلا أن الأمر لم يكن بهذه الصورة القاتمة بعد تولي السادات حكم البلاد. حيث صار الإخوان يحظون بالوجود المجتمعي ويتمتعون بمساحة للحركة والعمل السياسي. والأمر نفسه استمر خلال عقود حكم الرئيس حسني مبارك الثلاثة، إذ لم يعمل "الإخوان" على صياغة إعلام وطني يحتوي الجميع؛ برغم

---

3. خالد أبوالروس، "مساجد الإخوان"، مجلة "المجلة" لندن، 18 مارس 2020. https://bit.ly/3nStsHC

أنهم صاروا أكثر ظهوراً إعلامياً، على خلفية الأزمات الاقتصادية والأحداث الأمنية خصوصاً عمليات اغتيال المفكرين والسياح[4].

وعلى مدى ثمانية عقود، نجح "الإخوان المسلمين" في التغلغل وسط مختلف طبقات المجتمع، معتمدين في ذلك على التواصل المباشر العلني حيناً والسري حيناً آخر، أو من خلال استخدام منابر المساجد في كسب أعضاء جدد ونشر أفكارهم تحت شعار الدعوة الإسلامية. أما في ظهورهم الإعلامي فكان تركيزهم على نقد الحكومات وطريقة عملها اقتصادياً وسياسياً واجتماعياً. دون أدنى تفهّم لخلفيات الأداء أو حتى الإخفاق الحكومي، فما كان يهمهم ليس الإصلاح في حد ذاته إنما التعبئة الشعبية ضد النظام القائم.

كما تمكنوا بحسّهم البراغماتي من إقناع حكومات وأوساط سياسية غربية بأنهم أقوياء في المجتمعات العربية ويملكون تأثيراً في الرأي العام فيها وبالتالي يمكنهم تحقيق التغيير السياسي في دولهم. وكان هذا صحيحاً لجهة الانخداع الشعبي بهم؛ نتيجة شعبوية خطابهم والتوظيف المكثف للدين في إثارة المشاعر وترويج المظلومية لاستقطاب التعاطف الشعبي معهم، لكن لم يكن صحيحاً من زاوية امتلاك الكوادر البشرية المؤهلة لقيادة التغيير ورسم السياسات وطرح البدائل.

وبعد ظهور الإنترنت، فإن تجربة الإخوان في البداية مع الفضاء الإلكتروني لم تكن ثرية مقارنة مع تنظيمات إرهابية أخرى مثل تنظيم "القاعدة"، التي قال زعيمها أيمن الظواهري إن "نصف المعركة في الإعلام"[5]. وقد سعت الجماعة

---

4. "مصدر واحد هدف واحد: تفكيك الشبكات المعقدة للإعلام التابع لجماعة الإخوان المسلمين"، مركز الإنذار المبكر، 18 أكتوبر 2020. https://bit.ly/39szsmb

5. Saimon Cottee, "Why It's So Hard to Stop ISIS Propaganda", The Atlantic, 2 March 2015. https://bit.ly/3krJdVT

في هذه المرحلة إلى إنشاء مجموعة من المواقع الإلكترونية كان من بينها موقع "إخوان أونلاين" الذي بدأ عمله التجريبي عام 2003.

ثم مثَّل عام 2004 منعطفاً مهماً في توظيف الإخوان للإعلام، حيث اتجهت البيئة السياسية في مصر إلى الانفتاح. وبدأ حينها شباب التنظيم بالاستفادة من تلك الأجواء عبر إنشاء مدونات خاصة بهم. وكانت هذه المرحلة مهمة في طبيعة عمل الجماعة، حيث وفرت هذه المدونات وكتابات كوادرها وأعضاؤها فرصة للتعرف على جوانب من طريقة التفكير في أوساط الجماعة.

ولعل الشيء المهم الذي يفسر لجوء بعض الكوادر الإخوانية إلى التدوين، هو أن هذا التدوين لم يكن رغبة في نشر الفكر السياسي الخاص بهم أو بالجماعة، بقدر ما كان تعبيراً عن حالة التضييق التي تمارسها قيادات الجماعة على أعضائها خاصة الشباب. وحين لم يتقبل جيل الشباب حالة التضييق في التعبير عن رأيه تجاه شؤون الجماعة، فقد لجأ إلى إنشاء مدونات ومواقع إلكترونية كنوعٍ من الاعتراض على منهج إدارة الجماعة.[6]

ودفع تسارع الأحداث السياسية التي تلت ثورة 25 يناير، الجماعة إلى إعادة صياغة علاقاتها بوسائل الإعلام من أجل توسيع دائرة مخاطبيها داخل المجتمع بمختلف أطيافه العقائدية والمذهبية والأيديولوجية والتعريف بمشروعها في الخارج أمام النخبة الغربية، السياسية والمثقفة، لاسيَّما وقد أصبحت التشكيلات السياسية أكثر حظاً للسيطرة على السلطة. فاستغلت الفراغ السياسي الذي عاشته مصر وبادرت إلى تدشين عدد من وسائل الإعلام الحديثة، لتساعدها على ترسيخ دورها مجتمعياً وتعزيز خطابها تجاه محيطيها العربي والدولي بفكرٍ براغماتي.

---

6. باسم جلال القاسم وربيع محمد الدنان، مصر بين عهدين. مرسي والسيسي.. دراسة مقارنة (بيروت: مركز الزيتونة للدراسات والاستشارات، طبعة إلكترونية، 2016). https://bit.ly/3EY2uYj

في هذا الإطار، بدأت الجماعة تكوين شبكة متداخلة من الوسائل، إلى درجة أنها أصبحت معقدة وتشبه تشبيكات "الأخطبوط" لتعدد وسائلها وأدواتها. فأصبحت تتكون من سلسلة قنوات فضائية ومواقع إلكترونية وصحف ورقية. وفي ظل نقص الكفاءات الإعلامية وسط الجماعة فإنها استعانت بالمتعاطفين معها أو المعارضين للحكومة لاستقطابهم في صفها، مثل معتز مطر ومحمد ناصر. كما أنشأت الجماعة مقار إعلامية في الدول التي لها نفوذ فيها أيضاً، ربما استدراكاً منها لأي تحولات يمكن أن تحدث في مستقبل الأيام فتمركزت بشكل مكثف في: تركيا ولندن[7].

ويتضمن الجدول التالي قائمة بأهم القنوات الفضائية التي يمكن اعتبارها "تنتمي" إلى الإخوان، بعضها بالملكية والتبعية المباشرة، مثل مصر25 (2011-2013) أو قناة "وطن" في الوقت الراهن. وبعضها الآخر بالموالاة والتعاطف برغم عدم التبعية المباشرة، وملكيتها لدول أو لشخصيات أو كيانات غير إخوانية. لكن القاسم المشترك الجوهري في تلك الحزمة من القنوات، أنها معنية بالشأن المصري في المقام الأول. كما أنها تقدم على شاشاتها القيادات والكوادر الإخوانية بشكل مستمر وبكثافة، ضيوفاً ومقدمين. فضلاً عن غلبة العناصر الإخوانية في الأطقم التحريرية والفنية العاملة بهذه القنوات.

---

7. مركز الإنذار المبكر، "مصدر واحد هدف واحد: تفكيك الشبكات المعقدة للإعلام التابع لجماعة الإخوان المسلمين"، 18 أكتوبر 2020. https://bit.ly/39szsmb

القناة	التأسيس	المالك/ المدير	المقر	الوضع الحالي
قنوات تلفزيونية إخوانية (مملوكة / موالية)				
مصر 25	سبتمبر 2011	صادق الشرقاوي	مصر	أغلقت
صوت الشعب	2012	أيمن العوضي	مصر	أغلقت
أحرار 25	يوليو 2013 بديلة "مصر 25"		لبنان	أغلقت
الشرعية	2013		تركيا	أغلقت
رابعة	2013		تركيا	أغلقت
مكملين	يونيو 2014	أحمد الشناف	تركيا	تعمل (تغيرت سياستها التحريرية، إبريل 2021)
الشرق	إبريل 2014	أيمن نور	تركيا	تعمل (تغيرت سياستها التحريرية، يونيو 2021)
مصر الآن	2014	أحمد عبده	تركيا	أغلقت
العربي	2015	عزمي بشارة	لندن	تعمل
وطن	2016	محمود حسين	تركيا	تعمل

وقد انضمت إلى الإعلام الإخواني في هذه المرحلة، بعض وسائل الإعلام الأخرى المتعاطفة مع جماعة الإخوان المسلمين مثل قناة "الجزيرة"، فبرغم أن القناة ليست معنية حصراً بالشأن المصري؛ فإنها اهتمت بشكل كبير به، وكان الدفاع عن الجماعة وكل ما هو إخواني ركناً أساسياً في رسالتها الإعلامية عبر البث التلفزيوني أو الموقع الإلكتروني. وينطبق الأمر نفسه على قناة

"العربي" التي تبث من لندن، فبرغم أنها ليست معنية بالشأن المصري فقط بل ليست إخوانية أصلاً؛ فإن المشهد المصري يمثل العمود الأساسي للمواد التي تبثها على مدار أربع وعشرين ساعة.

ومع انتشار الإعلام الجديد (الإلكتروني) وازدهاره، واتساع نطاق استخدامه، وتعدد أشكال وسائل التواصل الاجتماعي، ظن "الإخوان" أن استخدام هذا الإعلام سيكون في صالحهم. غير أن استخدامهم للفضاء الإلكتروني لم يحقق الغرض المرجو منه، بل جاء بنتائج سلبية. وما حدث أن طبيعة الإعلام الجديد بمختلف أشكاله، وبما يتضمنه من تعدد مصادر المعلومات وسرعة تناقل الأخبار، وضع "الإخوان " في مأزق غير متوقع بالنسبة إليهم. ليس لأنهم انكشفوا فكرياً فقط، لكن لافتضاح ضعف قدراتهم ومهاراتهم الذاتية ومهارات المتعاطفين معهم أيضاً. وتجسّد هذا الانكشاف في محطات مهمة بعد عام 2011. منها على سبيل المثال، عام 2012 الذي تولى فيه الإخوان الحكم في مصر. فقد وعد الإخوان فور تولي محمد مرسي الرئاسة، بتحسين أوضاع المصريين في غضون 100 يوم. فقام نشطاء مصريون بتدشين موقع إلكتروني وصفحة على "فيس بوك" لتتبع ومراجعة مدى وفاء مرسي بوعوده[8]. وكان للموقع والصفحة دور مهم في كشف زيف الوعود وفضح عجز الإخوان عن إدارة الدولة وتحسين أوضاع المواطنين، وهو ما أربك الإعلام الإخواني الذي لم يستطع مقاومة هذا المدّ الواسع والعميق ضدهم من المنصات الإلكترونية المعادية لهم. كما لم تنجح المواقع الإلكترونية التابعة للإخوان، وكذلك الحسابات الخاصة بأعضاء الجماعة خصوصاً قياداتها، في مواجهة الانتقادات والتقييمات السلبية التي انهالت عليهم بخصوص كم هائل من المشكلات والأزمات التي أفضى التعامل الإخواني معها إلى تفاقمها وزيادة أعبائها على المواطنين.

---

8. هذا الموقع هو "www.morsimeter.com" وهو لم يعد يعمل. أما صفحة "الفيس بوك" فلا تزال قائمة، وهي على الرابط: "https://www.facebook.com/MorsiMeter"

وخلال وجودهم في الحكم في مصر رأى "الإخوان" الإعلام بشقيه التقليدي والجديد، أداة مهمة للترويج للجماعة وقدرتها على إدارة البلاد ومحاولة تعظيم ما عدّوه "إنجازات" حققوها في مختلف المجالات، إضافةً إلى مهاجمة القوى السياسية التي عارضتهم وانتقدتهم، وهو ما جعل الجماعة تدخل في معارك إعلامية عدة خرجت منها خاسرة، الأمر الذي أفقدها الكثير من التعاطف الشعبي الذي اكتسبته بشكل مؤقت.

وبعد سقوط حكمهم في 3 يوليو 2013، رأى الإخوان الإعلام وسيلة لبث الشائعات والأكاذيب بهدف ضرب الاستقرار في مصر كما في الدول الأخرى التي تعاديهم بإثارة القلاقل وتأليب الشعوب ضد حكامهم، وشرعنة خطابات التخريب باسم حق التظاهر والتعبير، ومهاجمة المثقفين المتنورين ورجال الأعمال والفنانين بوصفهم خارجين عن الشرع مع ممارسة أدوات الترهيب النفسي ضدهم بتصريحات إعلامية تحريضية.

وقد نظر الإخوان إلى الإعلام في هذه المرحلة بوصفه آلة من أجل بث الشائعات والأكاذيب في محاولة لتسميم العلاقة بين الدول التي تحاربها، أو بين الحكومات والشعوب. وبما أن هيكلية التنظيم تقوم وفق النظام الشمولي، فليس غريباً أن يسير الإعلام الإخواني وفق ذلك النهج، من حيث الخطاب والوسائل. فبدلاً من أن تراجع الجماعة نفسها وتبتعد عن الخطاب الإعلامي التحريضي، اتجهت إلى مهاجمة الدول العربية التي ترفض التطرف وتؤكد على خطاب الاعتدال، كما هاجمت أفراد المجتمع من مثقفين ورجال أعمال وفنانين؛ وكأنها تستعدي المجتمع بأكمله.

وفي ختام هذا الجزء يمكن القول إن "الإخوان المسلمين"، لم يدركوا أن انغماسهم في العمل الإعلامي كان بداية السقوط. فقد وجدوا أنفسهم فجأة تحت الضوء وأمام أنظار مختلف وسائل الإعلام سواء المعادي لهم، أو المملوك لهم، أو المتعاطف معهم، أو الذي ينطلق من مرجعيات تؤمن

بالتعدد والاختلاف. فكانت النتيجة تصاعداً واضحاً في حجم حضورهم عبر البرامج الإخبارية والمقابلات الحوارية وبين ثنايا التحليلات السياسية، فشعروا - بلا وعي- بالزهو والكِبر، اعتقاداً منهم ربما بأن مرحلة فرض أفكارهم بدأت، وأن مرحلة "التقية" قد انتهت، أو لأنهم كانوا يعتقدون أن المجتمع غير قادر على مراجعة ما ينطقون به وفرزه، لأنه الصواب المطلق وأن المجتمع في حاجة إلى حكمتهم[9]. ولعلهم استهانوا بذكاء المجتمع المصري وحنكته وقدرته على مراجعة مواقفهم واستنطاق برامجهم وتفكيك خطاباتهم الدوغمائية[10] أيضاً.

---

9. السعد المنهالي، "تحت الضوء"، جريدة الاتحاد الإماراتية، 20 يوليو 2019. https://bit.ly/2Hz8L3T

10. هي حالة من الجمود الفكري حيث يتعصب فيها الشخص لفكره إلى درجة رفضه الاطّلاع على الأفكار المخالفة حتى لو ظهر ما يؤكد خطأ أفكاره.

أنسب وسيلة لمعرفة محتوى وسائل الإعلام بمختلف أنواعها، من صحافة وتلفزيون وإذاعة...إلخ، هي استخدام أداة تحليل المضمون، لأنها تسمح للباحث بتتبع الرسائل التي تبثها تلك الوسائل وفهمها. ولأن تلك الرسائل بمفهوم صناعة الإعلام هي المنتَج الأساسي الذي يستهدف أصحابه التأثير في شريحة المتلقين المستهدفة. وستُعرض في هذا الجزء من الدراسة أهم الرسائل الإعلامية التي بثها إعلام الإخوان منذ ثورة 25 يناير 2011 وما تبعه من تطورات سياسية.

وفور إعلان الرئيس المصري الراحل، محمد حسني مبارك، في 11 فبراير 2011 محمد حسني مبارك تنحيه عن الحكم، تصورت جماعة الإخوان المسلمين أنها بلغت مرحلة التمكين، وظهرت بعض المؤشرات على تشكل هذا التصوُّر في العقل الإخواني قبل إعلان التنحي، حيث كانت الجماعة أولى القوى السياسية التي تواصل معها عمر سليمان مدير المخابرات العامة وقتئذ[11]، وشارك الإخوان في لقاءات مباشرة معه لبحث الأزمة وكيفية الخروج منها وما يمكن أن يحصلوا عليه من مكاسب أو "حصص" سياسية مستقبلاً[12]. وحين سُئل عصام العريان (رئيس المكتب السياسي للتنظيم، المتوفى عام 2020): لماذا قبلتم الجلوس مع سليمان وحدكم؟ ردَّ العريان: "للسياسة أحكام"[13].

---

11. عمر محمود سليمان ظل يشغل منصب رئيس المخابرات العامة المصرية لحين تعيينه نائباً للرئيس حسني مبارك في 29 يناير 2011، وتوفي في يوليو 2012 بأمريكا.

12. عمار علي حسن، انتحار الإخوان: انطفاء الفكرة وسقوط الأخلاق وتصدع القيم، (القاهرة: دار نهضة مصر، الطبعة الأولى، 2013)، ص 10.

13. علاء الأسواني، "الحقائق القديمة لا تمحوها البروباغندا"، موقع DW بالعربي، 18 أغسطس 2020. https://bit.ly/3l6ZbmD

وقد افترض إعلام الإخوان من هذه اللحظة أن الجماعة صارت قوة سياسية معترف بها، بل تتصدر قائمة القوى السياسية المصرية، التي تدير المشهد الداخلي، وقد انعكست هذه القناعة في مضامين الرسالة الإعلامية الإخوانية ومحتواها، سواء الداخلية أي الموجهة لأعضاء الجماعة. أو التي تستهدف الرأي العام المصري، أو تلك الموجهة إلى الخارج، على الصعيدين الإقليمي والعالمي.

وفي هذا الصدد كان صدور صحيفة "الحرية والعدالة" عام 2011 تجسيداً لذلك التمكين، ومدخلاً لتعزيزه في الوقت نفسه، كما بثت فضائية "مصر 25" رسائل إعلامية من أهمها أن الإخوان هُم القوة السياسية الأكبر والفاعل الرئيسي على الساحة المصرية، كما روّجت هذه الوسائل لخطاب المظلومية من أجل استعطاف الجماهير، وحاولت الجماعة بصفة عامة الاستحواذ على الإعلام المصري واستخدامه لبث رسائلها الإعلامية[14].

إلى جانب ذلك حرصت وسائل إعلام الإخوان على ترويج محتوى يتضمن الربط بين صعود الجماعة ورجالها و"النجاح" الذي حققوه على الساحة المصرية، بطريقة آليات العمل داخل الجماعة، أي اعتبار الجماعة مؤسسة تعمل وفق آليات معينة يديرها وينتمي إليها أشخاص محددون نموذجاً جديراً بالتعميم. وهو ما كانت تستهدف من خلاله تعاطف الجماهير لمخططها الخاص بأخوَنة الدولة عبر نشر أعضاء الجماعة وأتباعها في مختلف المناصب والمستويات القيادية والتنفيذية، والحدّ قدر المستطاع من فرص وجود عناصر أخرى من خارج الجماعة، خصوصاً أولئك المناوئين لها والبعيدين عن الجمود الفكري والمؤسسي الذي يميز الإخوان. وكان الإعلام الإخواني يُسوّق هذه التوجهات، ويحاول تمريرها وتبريرها لدى الرأي العام والجمهور المتلقي.

---

14. "السعار الإخواني للسيطرة على وسائل الإعلام"، موقع "The Levantnews" على يوتيوب، 20 مايو 2020.
https://www.youtube.com/watch?v=cj4uZq_uQK8

وقد مثَّل عام 2012 ذروة الخطاب الإعلامي الإخواني سواء من جانب الجماعة وأعضائها أو المؤيدين لها، فمع تولي الإخوان حكم مصر في ذلك العام، تصاعدت نبرة الإعلام الإخواني الذي بث من جهة، رسائل تستهدف دعم الرئيس الإخواني والترويج لخططه وما يقوم به من جهود من أجل أداء مسؤوليته الرئاسية، ومن جهة أخرى بث رسائل تسعى إلى مواجهة منتقدي حكومة الإخوان والرئيس الإخواني.

وقد عكست هذه المرحلة الصورة الحقيقية لخطاب الإعلام الإخواني، حيث أسهم محتوى الرسائل الإعلامية ومضمونها في تغيير الصورة التي حرص الإخوان على نشرها قبل توليهم الحكم؛ في كونهم جماعة مظلومة تعرضت للتقييد الشديد، حتى أنه يمكن وصف الخطاب الإعلامي الإخواني خلال هذه الفترة بأنه أسوأ خطاب إعلامي شهدته المجتمعات العربية من حيث المحتوى والمفردات، إذ تضمن مفردات إعلامية تعكس تجريحاً شديداً وتهديدات لكل من انتقد الإخوان أو أداءهم في الحكم.

فعلى سبيل المثال لا الحصر، هاجم إعلام الإخوان المذيع المصري الساخر باسم يوسف الذي كان يقدم برنامج "البرنامج" ووصفه بأنه "رجل شاذ"، والأكثر تطاولاً على المجتمع المصري المحافظ. وكان يوسف يجيد التقاط سقطات "الإخوان المسلمين" ويسخر من أدائهم الإعلامي، حيث وفروا له مادة إعلامية زاخرة سمحت لبرنامجه أن يجد مادة أسبوعية. وفي مقطع آخر، هدد أحد رموز الإخوان الإعلامي المصري إبراهيم عيسى المعروف بمواقفه ضد تيارات الإسلام السياسي: بأنه "سيضربه بالحذاء من أجل تأديبه"[15].

وبرغم أن تجربة "الإخوان" الإعلامية خلال وجودهم في السلطة كانت قصيرة؛ فإنها تركت بصمة لا يمكن لمن عاشوا تلك الفترة أن ينسوها. خاصة أنها

---

15. الملاحظ الصحفي، "باسم يوسف وإبراهيم عيسى. وفضائيات الشرعية"، مجلة "المجلة"، عدد 30 ديسمبر 2012. https://bit.ly/376qhp6

أظهرت تعارضاً واضحاً بين القيم الإسلامية التي يفترض أن "الإخوان" يحملونها، وما يطرحونه من مفردات وأفكار تسيء إلى المجتمع بأكمله وبمختلف شرائحه المجتمعية. وهنا توضَّحت بعض المواقف السياسية الحقيقية التي كان الإخوان يخفونها. فقد كشف خطابهم الإعلامي خلال هذه الفترة زيف وكذب ما كانوا يروجونه حول استيعاب "الآخر" ممن يختلف معهم، سواء على مستوى التنظيمات الإسلامية الأخرى أو الأقباط المسيحيين، حتى أصحاب الأفكار الليبرالية الذين تحالفوا معهم خلال فترات التضييق عليهم. فما إن تمكنوا من السلطة أو توهموا ذلك، تحول خطابهم إلى إقصائي لكل هؤلاء الحلفاء "السابقين"[16].

وقد تركت هذه الفترة القصيرة من الصعود السياسي لجماعة "الإخوان المسلمين" نتائج سلبية على إرثهم التاريخي، إذ انكشفت بشدة تلك الاستراتيجية التي استخدموها خلال مراحل عملهم السياسي وهي "التقية السياسية". والنتيجة، أنه بدلاً من إكمال مرحلة الصعود السياسي بالتحول من "التقية" إلى التمكين وإثبات النهج الاستيعابي الذي زعموه للعالم، فقد كان وجودهم بالسلطة طريقاً إلى الهاوية. حيث كان يوم 30 يونيو 2013 إيذاناً بنهاية التجربة الإخوانية السياسية والإعلامية، حيث أعلن عبدالفتاح السيسي، وزير الدفاع، آنذاك، في 3 يوليو 2013، عزل الرئيس محمد مرسي، وما تبع ذلك من تطورات كثيرة كان من بينها إغلاق صحف الإخوان وقنواتهم وبعض مواقعهم الإلكترونية التي كانت موجودة في مصر، الأمر الذي كان بمنزلة انتهاء مرحلة وبداية مرحلة جديدة لإعلام الإخوان.

لم يستوعب الإخوان أن مرحلتهم انتهت في 30 يونيو 2013 بطلب من الشعب المصري، لذا أظهروا رغبة محمومة في العودة، فلجؤوا إلى الإعلام وعدّوه وسيلتهم الرئيسية لتحقيق ذلك. فباتوا يحاولون السيطرة على مواقع

---

16. ممدوح الشيخ، "في نقد خطاب الإسلاميين الإعلامي"، مركز الفكر الاستراتيجي للدراسات، 1 نوفمبر 2014.
https://bit.ly/2KyNxnQ

إعلامية وإنشاء منظومة متشعبة من المواقع الإلكترونية بمسميات وتوجهات متعددة بمساعدة من دول أخرى، وذلك بهدف تحقيق بعض الأهداف، من بينها بث الثقة لدى أعضائها في قدرة الجماعة على استعادة السلطة مرة ثانية، وجذب تعاطف الرأي العام المصري إليهم، إضافةً إلى الترويج لبعض الدعاية والأفكار التي تشوه معارضيهم، كما نشطت فروع الإخوان في الخارج ونشطت كذلك الوسائل الإعلامية المؤيدة لهم، واستطاعوا إيصال إحدى الشخصيات الموالية لهم وهي اليمنية توكل كرمان، إلى واحدة من أهم المنصات الإعلامية العالمية لتكون ضمن مجلس الإشراف على المحتوى الإعلامي لـ "الفيسبوك" وكذلك "الإنستغرام"[17]، لتكون ذراعاً لهم في هاتين الوسيلتين.

وقد شهدت مرحلة ما بعد 3 يوليو 2013 تغييراً كبيراً في الرسالة الإعلامية للإخوان، حيث بدأ إعلام الإخوان في بث رسائل إعلامية تعددت مضامينها. أولها محاولة الاستقواء بالخارج من أجل دعم الجماعة ومساعدتها للعودة إلى الحكم، إذ تحول المحتوى أو الخطاب الإعلامي الخاص بهم إلى ادّعاء بالمظلومية. وذلك في محاولة منهم لكسب تعاطف الرأي العام الداخلي والخارجي خصوصاً في الغرب، بادعاء أن شرعيتهم السياسية المنبثقة من الانتخابات التي أوصلت محمد مرسي إلى السلطة، سُلبت بوساطة الجيش بقيادة عبدالفتاح السيسي. وذلك إدراكاً منهم بأن المجتمعات الغربية لديها حساسية من العسكريين. وقد استمر هذا الخطاب طوال السنوات السبع التالية، ولا يزال وإن كان بدرجة أقل بعد اتضاح أنه لم يعد يجدي نفعاً، وهم الآن في انتظار الجديد الذي قد تأتي به القوى الكبرى، خصوصاً الولايات المتحدة الأمريكية، بعد تولي جو بايدن الرئاسة.

---

17. السعار الإخواني للسيطرة على وسائل الإعلام، مصدر سابق.

إلى جانب ذلك، اتجه إعلام الإخوان في رسائله الإعلامية إلى العمل من أجل تعبئة الجماهير وتحريض الشارع المصري على الخروج على السلطة الحاكمة وعلى مؤسسات الدولة ورموزها والعاملين بها ومؤيديها، واستخدموا في ذلك أسلوب التشكيك في شرعية الحكومة القائمة في مصر، آنذاك، مقارنة بالطريقة التي وصل بها مرسي إلى السلطة، والتي عدُّوها أحد مكتسبات جهدهم التاريخي. وعليه صارت مسألة عودته إلى السلطة مرة ثانية هي القضية المركزية إلى أن توفاه الله عام 2019.

وقد امتلأ خطاب إعلام الإخوان منذ يوليو 2013 حتى وقت قريب بمفردات التهديد والوعيد لرموز الدولة المصرية ورجال الشرطة والجيش ومؤسسات الدولة الأخرى، وكذلك لرجال الأعمال والفنانين والإعلاميين، وكل من يخالفهم في الرأي عموماً، وساعدهم على ذلك وجودهم في دول قدمت لهم الدعم والمأوى فأنشؤوا فيها قنوات إعلامية استخدموها كمنابر للهجوم على كل ما يتعلق بالدولة المصرية. ولم يدرك هؤلاء أن هذه الدول إنما تستخدمهم لتحقيق مصالحها وإنها سوف تتخلى عنهم متى انقضت المصلحة أو متى حدث تغير في طبيعة علاقاتها مع مصر ودول الاعتدال العربي عموماً، كما حدث ويحدث مع تركيا التي بدأت تلفظ الإخوان بعد تحسين علاقاتها مع مصر ودولة الإمارات العربية المتحدة مؤخراً[18].

وقد حاول الإخوان نقل رسائلهم الإعلامية ومحتواها إلى أحدث تطبيقات الفضاء الإلكتروني عندما سعوا إلى استخدام برنامج التواصل الصوتي "كلوب هاوس/ Clubhouse" حيث سعوا بقوة إلى بث أفكارهم من خلاله وإقناع الآخرين بمواقفهم ومظلوميتهم[19]. وبرغم أن البرنامج يتيح لمستخدميه

---

18. "إسطنبول عاصمة الإعلام الموجه ضد العرب"، صحيفة "العرب" اللندنية، 22 إبريل 2020. https://bit.ly/2KJ398v

19. محمد خلفان الصوافي، "عودة غير مرحبة: الإخوان المسلمون والتوظيف السلبي لتطبيق كلوب هاوس"، مركز تريندز للبحوث والاستشارات، 2 مارس 2021. https://bit.ly/3gAXpuv

تبادل الأفكار والنقاش عبر غرف صوتية للمحادثة بشكل شبه مغلق، بما يسمح بإنشاء عدد كبير من الغرف وفتح مناقشات وحوارات موسعة ومفتوحة، فإن الإخوان لم ينجحوا في فرض وجهات نظرهم ولم يتمكنوا من تشكيل موقف مؤيد لهم على أي مستوى. ويمكن بسهولة التأكد من ذلك الفشل من خلال محدودية، إن لم يكن انعدام، أي تغير إيجابي في موقف الرأي العام تجاه الإخوان سواء في مصر أو خارجها. وهي مسألة لافتة للانتباه خصوصاً في ظل أن هذا البرنامج تحديداً يسمح بدرجة ما من الخصوصية والتخفي في طرح الأفكار والآراء دون الإفصاح عن بيانات أو تفاصيل عن الشخصيات المشاركة. وهو ما يوضّح أن الإحجام عن تأييد الإخوان أو عدم ظهور آراء مؤيدة لهم أو أصوات جديدة مدافعة عنهم سواء في هذا النطاق الإلكتروني أو في خارجه، إنما يعني استمرار لفظ أفكارهم ورفض وجودهم تنظيماً وأشخاصاً.

ولا شك أن محتوى إعلام الإخوان قد ساعد كثيراً على تعميق الأزمة التي يواجهونها حيث فقدوا أي تعاطف أو تأييد لهم سواء في مصر أو في غيرها من الدول، لاسيّما وقد ظهر أن الكثير مما كانوا يبثونه مفبركاً أو مضللاً وهدفه تشويه المنجزات، والحض على الكراهية والعنف وغيرها من الأهداف الساعية إلى تدمير الدولة والمجتمع. وليس أدل على ذلك من أن هيئة كبار العلماء السعودية، قد صنفت "الإخوان المسلمين" في 10 نوفمبر 2020 بأنهم جماعة إرهابية. ولم يتعلم إعلام الإخوان من الدروس الكثيرة التي تلقاها عند تعامله مع هذا الموقف، بل اتجه عن طريق أذرعه الإعلامية المنتشرة في وسائل التواصل الاجتماعي إلى شن حملة على علماء الدين السعوديين، لم تتسبب إلا في إظهار خلافاتهم الفكرية، كما حدث في التراشق بين توكل كرمان ومحمد الشنقيطي. الأمر الذي يعني أنهم بحاجة إلى كثير من المعالجات لتحسين صورتهم الذهنية ومن ثم استرجاع مكانتهم المجتمعية[20].

---

20. لمطالعة تغريدة توكل كرمان على تويتر، انظر على الرابط: https://bit.ly/368ZrwY

ثالثاً: مستقبل إعلام الإخوان

تتمثل إحدى المسلمات التي يقوم عليها تفكير جماعة الإخوان المسلمين على مدى تاريخها، في أنها تتشكَّل وفق البيئة التي توجد فيها بما يتناسب وآليات تحقيق مصلحتها. فقد كانت في السعودية سلفية[21]، وفي أوروبا ليبرالية، وفي مصر وسطية. بينما نمط تفكيرها واحد ثابت وهو "التقية السياسية". وطوال العقود التسعة الماضية، لم يكن لدى "الإخوان" وطنية أو انتماء لأي من الدول التي وُجِدوا فيها. وغابت عنهم حقيقة أن التلوُّن المستمر وجمع المتناقضات لا يحقق نجاحاً، خاصة في ظل عدم التمكن النهائي[22].

في استشراف مستقبل إعلام الإخوان، بات واضحاً أن الإنسان العربي أصبح أكثر قدرة على فرز الأفكار التي تهدد وطنه بغض النظر عن مصدرها. وأخطر تلك المصادر في الوقت الراهن هي أفكار جماعة "الإخوان المسلمين"، لأنها خطر يهدد الدولة. وقد كانت تجربة العقد الأخير فرصة لاكتشافها بشكل حقيقي، خاصة أن آثارها السلبية شملت جوانب الحياة كلها، واقترن معها تصنيفها لأفراد المجتمع، واستعداءها لهم. وبالتالي لم تعد لديها أرضية للعودة مرة ثانية إلا بصفتها جماعة منبوذة.

المنطقة في الوقت الراهن بصدد المرحلة النهائية لإعلان وفاة إعلام تنظيم "الإخوان المسلمين". إذ بات هناك فرز بين الأفكار الإقصائية والتكفيرية والتدميرية التي يتبنّاها إعلامهم، والأفكار الوسطية التي تُعلي الوطنية وتحث على بناء الدولة التي تستوعب المواطنين والاتجاهات جميعها. وتقود عملية

---

21. عبدالرحمن الراشد، "الحياة بلا الإخوان"، صحيفة "الشرق الأوسط"، 18 نوفمبر 2020. https://bit.ly/2HzTqQJ

22. فواز جرجس، داعش إلى أين؟ جهاديو ما بعد القاعدة (بيروت، مركز دراسات الوحدة العربية، الطبعة الأولى، مايو 2016).

الفرز مراكز الدراسات ودوائر صناعة القرار بصفتها المؤسسات التي تقود المجتمعات. وتسهم في هذه الاستراتيجية وسائل الإعلام العامة والخاصة.

وهناك توجُّه جديد في الدول العربية يقوم على ضرورة نبذ الأفكار كلها الداعية إلى تدمير الوطن أو المساس بالرموز الوطنية، وسد المداخل أو الفراغات التي كان "الإخوان" وغيرهم يستغلونها ويوظفونها عبر خطاب إعلامي فلسفته التحريض ضد الحكام والرموز الوطنية.

وبصفة عامة هناك مجموعة من العناصر التي يمكن من خلالها الحديث عن مستقبل إعلام الإخوان، حيث توضح هذه العناصر مدى قدرة هذا الإعلام على العودة والعمل مرة أخرى بعد النكسات التي تعرض لها، وكذلك بعدما تعرضت له الجماعة من ضربات ونكسات في الكثير من الدول العربية والأوروبية. ومن بين هذه العناصر ما يلي:

1- قصور استراتيجية إعلام الإخوان:

تفتقد جماعة الإخوان المسلمين إلى وجود استراتيجية إعلامية واضحة، فبرغم أن الجماعة أدركت مبكراً أهمية الإعلام وعملت على استخدامه في مختلف مراحلها التاريخية بدءاً بالمنشورات والصحف مروراً بالقنوات التلفزيونية، ووصولاً إلى وسائل الإعلام الجديد؛ فإنها لم تنجح في بلورة استراتيجية إعلامية متكاملة تقوم على أسس مهنية احترافية قادرة على مواكبة مختلف الظروف التي تمر بها الجماعة.

وقد بدا هذا القصور واضحاً خلال تولي الجماعة الحكم في مصر وبعد سقوطها، إذ لو كان لجماعة الإخوان استراتيجية إعلامية واضحة وذات قيمة، لتمكنت من تحقيق ولو القدر الضئيل من النجاح ليس في الدفاع عنها وفي مواجهة الحقائق الدامغة التي أدانتها وفضحتها فقط، لكن في تحسين صورتها سواء أمام الرأي العام الداخلي في مصر وبقية الدول العربية، أو أمام الرأي العام

الخارجي أيضاً. ولا توجد أي إشارات تدل على ذلك، بل على العكس، لم يتجاوب الشعب المصري مع حملات متتالية قام بها الإعلام الموالي والداعم للإخوان، تارة بهدف زرع الفتنة بين المواطنين ومؤسسات الدولة المصرية، خصوصاً الجيش والشرطة. وتارة أخرى لخلق حالة من المعارضة والتمرد بين المصريين بحجة المشكلات المعيشية والاقتصادية. وتارة ثالثة بتكرار محاولات تحويل بعض التواريخ والمناسبات (مثل 25 يناير) إلى مواعيد جديدة للفوضى والعنف. وبرغم تكرار الفشل كل مرة، فإنهم لا يتعلمون ولا يملّون تكرار المحاولة.

كذلك لو كان للإخوان استراتيجية إعلامية واضحة، لراجعوها ولقاموا بتقييمها، ولانعكس هذا بدوره على الأداء الإعلامي الذي لم يشهد أي تطوير أو تغيير يذكر شكلاً أو مضموناً. فبرغم أن مظاهر فشل إعلام الإخوان كانت واضحة؛ فإن الجماعة لم تسعَ إلى اتخاذ أي إجراءات لمعالجة هذا الفشل، الأمر الذي جاء بتداعيات سلبية، فقد زاد الفشل الإعلامي وسوء الأداء خطاباً ومضموناً، خاصة من قِبل المرشد محمد بديع ونائبه خيرت الشاطر، من الحنق الشعبي عليهم. فبينما حاولت الجماعة استخدام الإعلام كسلاح لمصلحتها، فوجئت أنه يتحول ضدها، حين فشلت في التعامل معه أو التعايش وفق أحكامه في مخاطبتها الجمهور.

مع أن الأمر في البداية كان مجرد غضب مكبوت بين الناس، فإن استمرار الجماعة وعدم استدراك أخطاء إعلامها واستخدام التعنُّت في مواقفها، دفع إلى ظهور إعلام ناقد لعملها. وبدأ يتضح أن مستقبل الإعلام لديها ليس مبشراً تماماً مثل مستقبلها السياسي الغامض. فقد كان إعلام الإخوان يقدم أسوأ ما كان يقدمه الإعلام الرخيص في ذلك الوقت. وهذا كله دفع لأن يكون عملهم بعيداً عما ينتظره المجتمع منهم.

الخلاصة هنا: إن مكامن الضعف الإعلامي لدى الإخوان، تتركز في الإعلام نفسه، وفي طريقة إدارته التي لا تختلف كثيراً عن طريقة إدارة التنظيم كله. أي الإدارة المركزية القائمة على السمع والطاعة. والتي لا تقبل أي نقد أو مراجعة. وتعتمد الثقة والولاء لا الكفاءة معياراً للانتقاء والتصعيد. ولذا كان الإعلام قوة سلبية على الإخوان وليست إيجابية، كما اتضح أن الجماعة وإعلامها لا يملكون فكراً واعياً يمكن أن يسهم في تعزيز وعي الشعوب وفي بناء الأوطان وتحقيق التنمية والاستقرار في المجتمعات العربية.

2- انحسار الحاضنة المجتمعية:

المدخل المهم في قراءة مستقبل إعلام الإخوان، هو شرعية جماعة الإخوان المسلمين المجتمعية بما فيها المجتمع الضيق الخاص بها أو ما يمكن أن نطلق عليه "الحاضنة المجتمعية". وقد اكتسبت الجماعة هذه الشرعية بسبب التركيز على الخدمات المجتمعية التي كانت تقدمها للناس خاصة في الأرياف. وقد تمكنت عبر هذه الخدمات من اكتساب رضا الناس وتعاطفهم وتأييدهم الأمر الذي ساعدها على التوسع والانتشار، وعلى الترويج لأفكارها من خلال وسائل الإعلام التقليدي أو الجديد التي امتلكتها.

وبعد سقوط الجماعة في مصر تراجعت شرعيتها نتيجة فقدانها الحاضنة المجتمعية، فقد اتجهت الحكومة المصرية إلى تجفيف موارد الإخوان المالية؛ ما حرمهم القدرة على مواصلة تقديم الخدمات المجتمعية، إضافة إلى أن الدولة المصرية قامت بتقديم تلك الخدمات لتملأ الفراغ الذي استغلته جماعة الإخوان في عقود سابقة.

وقد أدى فقدان الحاضنة المجتمعية إلى فقدان إعلام الإخوان قدرته على الإقناع والتأثير خاصة مع عدم وجود أي وسائل تواصل بين الجماعة والناس في الشارع؛ وما زاد من طبيعة المشكلة أن هذا الإعلام أخفق في تطوير أساليب يسعى من خلالها إلى التواصل مع الأفراد وفق خطاب سليم معتدل وإنما

لجأ إلى خطاب يسوده التهديد والوعيد والتجريح وتشويه المنجزات، ومن ثم يمكن القول إن الجماعة وإعلامها فقدوا "الأوكسجين المجتمعي" الذي ينبع من المواقف الشعبية المساندة؛ ما جعلها تخسر معركة الإعلام، وما إن تخسر معركة الإعلام حتى يتخلى عنك الناس في المجتمع والدولة[23].

ولم يقتصر هذا الحال على الدول المناهضة للإخوان، بل امتد ليشمل بعض الدول التي لا يزال فيها الوجود الإخواني، ففي تونس على سبيل المثال، هناك تيار قوي يرفض حتى مجرد فكرة الدفاع عما يقدمه إعلام الإخوان سواء من أخبار أو تحليلات، ولا أدل على ذلك من عدم قدرة هذا الإعلام على مواجهة الخطوات التي أقدم عليها الرئيس التونسي قيس سعيد في يوليو 2021، وفي مقدمتها تجميد عمل البرلمان الذي تهيمن عليه حركة النهضة الإسلامية ذات الروابط الوثيقة مع جماعة الإخوان المسلمين.

إلى جانب ذلك، فقدت الجماعة وإعلامها الحاضنة المجتمعية، في ظل الدعم الذي تلقته من دول أخرى؛ فقد بدت الجماعة وإعلامها لعبة في أيدي هذه الدول تستخدمها لتحقيق مصالح خاصة، حتى إن هذا الإعلام كان يؤيد السياسة الخارجية لهذه الدول حتى لو كانت موجهة ضد دولهم الأصلية.

3- تغير البيئة الإقليمية:

هناك اعتقاد خاطئ يهيمن على عقول قادة تنظيم "الإخوان"، وربما يتشاركه معهم بعض قادة الميليشيات الطائفية المنتشرة في الدول العربية، مثل "حزب الله" اللبناني و"الحوثيون" في اليمن وكذلك الميليشيات الموالية لإيران في العراق، هو أن احتضان بعض الدول لهم من خلال توفير المأوى والدعم، يكون من أجل الجماعة ذاتها ودون أن يترتب عليه أي عواقب تؤثر في

---

23. معتز زاهر، "الحاضنة الشعبية للحركات الجهادية"، المعهد المصري للدراسات، 14 نوفمبر 2017.
https://bit.ly/2KF4gGg

الجماعة. وهو اعتقاد خاطئ فقد أثبتت التجارب الدولية أن هذه الدول دائماً ما تستخدم مثل تلك الجماعات من أجل تحقيق مصلحة معينة، وتتخلص منهم متى تحققت هذه المصلحة، إضافةً إلى أن تغير الظروف الدولية والمصالح يجعل هذه الجماعات في مهب الريح.

ومع أن التجارب السياسية أكدت استخدام بريطانيا للجماعة، في أثناء احتلالها لعدد من الدول العربية، لخدمة أجنداتها وأنها كانت مجرد أدوات هامشية في المشروع البريطاني لضرب أوطانها؛ فإنها كررت التجربة مرة أخرى في علاقتها مع بعض الدول مثل تركيا وإيران، دون أن تدرك أن الدول دائماً ما تسعى لتحقيق مصالحها مع الدول الأخرى، وأن الخلافات قد تزول ومن ثم قد تتوافق المصالح.

في ضوء ذلك حمل تغير طبيعة العلاقات بين كل من مصر وتركيا أنباء سيئة للإخوان المسلمين، ففي حاجة أنقرة إلى تحقيق مصالحها فضلت تحسين علاقاتها مع مصر على علاقتها بالجماعة، حيث بادر الرئيس التركي إلى تقليص الدعم الذي كان يقدمه للإخوان في تركيا، واتجهت أنقرة خلال عام 2021 إلى فرض قيود على تحركات الجماعة وأنشطتها بشكل عام، وطالت هذه الإجراءات القنوات التلفزيونية التابعة للإخوان التي تبث من تركيا، حيث وجهت تعليمات مشددة إليها بضبط خطابها الإعلامي وعدم الإساءة بأي شكل من الأشكال إلى مصر وقيادتها السياسية، والحدّ عموماً من البرامج والمواد التي تتناول الشأن المصري بالنقد والتطاول[24]. وعلى ضوء ذلك توقف برنامج معتز مطر "مع معتز" في إبريل 2021، ثم برنامج محمد ناصر "مصر النهار ده" في يونيو 2020. وكان لافتاً للنظر أن كليهما أعلن بوضوح أن التوقف جاء بتعليمات من السلطات التركية.

---

24. "الإخوان العرب خسروا أوطانهم.. فهل كسبوا تركيا"، صحيفة "العرب" اللندنية، 26 يونيو 2020.
https://bit.ly/3lgUAyt

لا شكّ أن هذه التطورات، إضافةً إلى تحسُّن العلاقات بين قطر من جهة وكلٍّ من مصر والسعودية والإمارات، قد انعكست بشكل سلبي على إعلام الإخوان، الذي فقد المأوى والدعم من ناحية، وفقد المصداقية والقدرة على الإقناع من ناحية أخرى؛ ما يضع مستقبله على المحك في ضوء عدم وجود أي دعم خارجي له الآن.

4- تفاقم المشكلات والأوضاع المالية:

بحسب معلومات متداولة منذ عام 2020 فإن هناك مصاعب مالية أدت إلى إغلاق وسائل إعلامية تابعة للجماعة. ووقعت خلافات بين مسؤولين في القنوات التلفزيونية، وتراجعت الرواتب الخيالية خاصة في القنوات التي كان يمتلكها رجال أعمال. فضلاً عن مؤشرات على تقليص كل من قطر وتركيا في الميزانيات المخصصة لهذه القنوات، ربما لأن حجم التأثير ليس بمستوى الهدف المنشود؛ ما يعني أن السياق العام يسير نحو تقليص وسائل الإعلام التابعة للتنظيم.

في هذا السياق، كان من اللافت للنظر أن القناتين الأكثر قرباً في التبعية إلى جماعة الإخوان: "وطن" و"مكملين" وهما الأقل تمويلاً والأفقر في الموارد، قد عانتا مشكلات مالية كبيرة، فالأولى (وطن) هي القناة التابعة رسمياً وبشكل علني للجماعة. والثانية (مكملين) التي تعمل بتمويل من الجماعة. وقد كُشف في الفترة الماضية بفعل الخلافات العميقة التي ضربت الجماعة من داخلها، أن هناك مخالفات مالية كبيرة تحدث داخلها. وكان للإعلام نصيب من هذه المخالفات. وهو ما دفع الجماعة إلى إجراء تحقيقات داخلية بخصوص فساد مالي في قناة "وطن"[25]. وبرغم التعتيم الذي فرضته الجماعة؛ فقد تسربت معلومات هذا الخلل الذي كان ينعكس بالطبع على أداء القناة؛ ما

---

25. "قناة وطن الإخوانية تحقق مع سعد اللبان وآخرين بتهمة الاختلاس"، بوابة "الأهرام"، 27 أكتوبر 2020. https://bit.ly/3AGn114

أدى إلى تنامي فقدان الثقة بها، وتلاشي أي قدر كانت تتمتع به من مصداقية بين جمهورها المحدود أصلاً والمتركز حصراً في أعضاء الجماعة.

وفي ظل تراجع الموارد المالية أصبح من الصعب على الجماعة أن تغري العاملين في قنواتها الإعلامية بالاستمرار في العمل وفق توجهاتها وسياساتها الإعلامية، ففي ظل وجود الدعم المالي كان هؤلاء العاملون ينصاعون للجماعة وتوجهاتها، لكن مع عدم وجود الأموال فقد هؤلاء الرغبة في الاستمرار. وقد أسهم هذا الأمر في تراجع أداء هذه القنوات[26].

الخلاصة أن اعتماد الإعلام الإخواني على المانحين الخارجيين في توفير بيئات العمل ومقوماته، يؤكد أن انهياره مسألة وقت؛ فشبح الأزمات المالية يهدد الجميع.

5- تراجع الكوادر البشرية:

بالرغم من انهماك جماعة الإخوان والموالين لها في حروبها الإعلامية الدائرة؛ فإنها لا تُخصِّص مواردها وجهدها لعملية استقطاب الأجيال الشابة وتطوير القدرات الوظيفية للكوادر الموجودة. وبافتراض وجود هذه الكوادر الوظيفية فإن مسألة التركيز على الثقة أو الولاء هو المعيار وليس الكفاءة. فالجماعة دائماً ما تختار من يشغل المناصب وفق قاعدة "أهل الثقة" وليس "أهل الكفاءة"؛ ما يجعلها غير قادرة على استقطاب الكفاءات القادرة على إدارة العمل بكفاءة واقتدار، وهو الأمر الذي كان متبعاً عند اختيار العاملين في مجال الإعلام، إذ اقتصر الاختيار على أعضاء الجماعة حتى لو كانوا يفتقرون إلى المهارات الإعلامية اللازمة، مع محدودية الاستعانة بآخرين من خارج الجماعة شريطة ضمان ولائهم للجماعة.

---

26. نادية مبروك، "تجار الثورة.. إعلام الإخوان يفضح نفسه عشية 25 يناير"، صحيفة "الرؤية" الإماراتية، 22 يناير 2020. https://bit.ly/2V4FgKE

وقد أدى الاقتصار على أعضاء الجماعة في الإعلام ومحدودية الاستعانة بأطراف من خارج التنظيم مقابل المال، إلى أن تفقد رسالة الإخوان الإعلامية مضمونها وتأثيرها وجدواها، إذ لا يمكن الرهان على الولاء التنظيمي أو الوظيفي في معركة "كسب الثقة" الإعلامية التي تحتاج إلى مهارات إعلامية عالية المستوى وحضور مبني على المعرفة واحترام تقاليد المجتمع، فهو شرط مسبق ضروري في امتلاك القدرة على إقناع المتلقي. وربما هذه إحدى أهم ثغرات ونواقص هذا الإعلام في الوقت الراهن. وما دام إعلام الإخوان غير قادر على تغيير خطابه الذاتي، فسيبقى غير قادر على التأثير في المجتمع مرة ثانية سواء بادعاء المظلومية أو التشكيك في شرعية الحكومات.

الخلاصة، أن ضعف الخبرات الإعلامية والكوادر البشرية المؤهلة داخل المنظومة الإعلامية الإخوانية، كشف أمام الرأي العام أن الإخوان عموماً ليسوا أصحاب قضية وطنية وأنهم منغلقون على أفكارهم وتوجهاتهم. وهي عقدة تاريخية لديهم دفعت بإعلامهم إلى الوقوع في أسر الخطاب الأيديولوجي المتطرف ضد الأوطان والشعوب؛ ما أفقد رسالتهم الإعلامية جدواها وفاعليتها في المجتمع.

6- صناعة الأعداء:

أثبت "الإخوان" من خلال استخدام الإعلام أنهم يتقنون فن صناعة الأعداء، ليس مع الحكومات فقط وإنما مع المجتمع كأفراد أو قطاعات مثل الإعلاميين أو رجال الأعمال أيضاً، حتى مع التيارات الإسلامية الأخرى مثل السلفيين. ومع أن الصفة المعروفة عن جماعة الإخوان أنها تجيد فن التحايل والتعامل مع الظروف والبيئات السياسية كلها؛ فإنها مع الإعلام لم تكن كذلك. فإما أن تكون موالياً للجماعة وإعلامها حتى لو خسرت المجتمع كله، وإما ستكون عدوها. ومن ثم فإن كل من هو ضد الإخوان فإنه عدو لهم.

وقد ثبت أن هذا الموقف القائم على مبدأ "إما معي وإما ضدي" يؤدي إلى خسارة الكثير من الناس الذين قد يفضلون أحياناً أن يكونوا على الحياد إلا في حالات التهديد الاستثنائي للوطن. مثلما وقف الشعب المصري ضد الرئيس حسني مبارك رغبة في تحسين أحوال مصر، وهو نفسه الشعب الذي أسقط الحكم الإخواني من أجل مصر.

كان بالإمكان أن تحول جماعة الإخوان الإعلام إلى وسيلة لكسب التأييد لها، في حال كان مستعداً لأن يتعامل مع المجتمع بمنزلة وطن الجميع وليس للجماعة. أو إذا أحجم عن القفز على مكتسبات الثورة، على الأقل حتى يستعد ويستفيد من تجارب الآخرين. ولكن التسرع نحو الإمساك بكل شيء، حوّل كل القوى السياسية في الدولة المصرية إلى قوى معادية. وبدلاً من الاستفادة من الإعلام في تعزيز موقفهم، ذهب الإخوان إلى الاتجاه المعاكس، فوجدوا المجتمع ضدهم. ويقودنا هذا إلى نتيجة مهمة، هي أن استعداء المجتمع يكفي وحده للتشكيك في مستقبل "الإخوان" بصفتها جماعة دينية سعت إلى السلطة بقوة.

7- قوة الإعلام الوطني:

لعب الإعلام الوطني دوراً مهماً في كشف "إعلام الإخوان" من حيث ضعف الرسالة الإعلامية ومحتواها، حيث حرص الإعلام في مصر على سبيل المثال على إبراز حقيقة الفكر الإخواني وإدارة المعركة معه بالمعلومات والحقائق. وقام بتوجيه المثقفين العرب بالتركيز نحو فضح التفكير الإخواني وتفنيده والرد عليه بالمنطق السليم والحقائق. ولم يستطع إعلام الإخوان التعامل مع الإعلام الوطني أو مواكبته في ظل ضعف قدراته المهنية وضعف رسالته الإعلامية ومحتواها وقلة المعلومات السليمة التي يمتلكها، فضلاً عن اعتماده على السباب والشتائم.

وقد تمكّن الإعلام الوطني عبر محتوى قوي ورسالة إعلامية صادقة تجسد فكراً إعلامياً موضوعياً ومتوازناً من جعل إعلام الإخوان يتحرك من منطلق رد الفعل، حيث افتقد هذا الأخير المبادرة وظل دائماً يعتمد استراتيجية رد الفعل على ما يتخذ من إجراءات، والغريب أنه دائماً ما كان يعمل في هذه الاستراتيجية من دون امتلاكه أي حقائق أو معلومات، وكان يهدف دائماً إلى تضخيم المشكلات وتهويلها والإيحاء دائماً بأنه لا حل لها، حتى أنه دائماً ما كان يُكتشف هذا التهويل والتضخيم مع انقضاء هذه المشكلات أو حلها سريعاً.

خاتمة

تواجه جماعة الإخوان المسلمين خطراً حقيقياً يتعلق ببقائها واستمراريتها، فالضربة التي تلقتها الجماعة هذه المرة لم تتوقف عند الجانب الأمني والزجّ في السجون؛ وإنما امتدت لتشمل تجفيف المنابع المالية والمواجهة الفكرية والإعلامية بما جعلها ضربة شاملة طالت الجماعة ليست في مصر فقط وإنما في كثير من الدول التي سعت إلى مواجهة الجماعة وتحجيمها والحدّ من أنشطتها. بل إن بعض الدول الأوروبية سعت إلى تقييد أنشطة الجماعة إدراكاً لخطورتها على المجتمع أيضاً.

في ظل هذه الحالة التي تمر بها جماعة الإخوان المسلمين، فمن الطبيعي أن يتأثر إعلام الجماعة؛ خاصة أنه يعاني في الأصل مشكلات هيكلية وجذرية تحدّ من قدرته على الحركة والتأثير أيضاً. وحيث كان الإعلام دائماً متغيراً تابعاً في خطط الجماعة وتحركاتها، فإن بقاء إعلام الإخوان أو نهايته يرتبط بالضرورة ببقاء الجماعة أو انهيارها. وبينما يمكن الإقرار بأن الجماعة تملك قدرات تنظيمية فائقة بحكم الخبرة الطويلة والجندية التي يُربى أعضاؤها عليها، فإن إعلامها لم يستفد من هذه القدرات. بل انكشف افتقاده إلى أبسط مقومات الاستمرارية في ظل انتكاساته المريرة التي عرضناها سابقاً في متن هذه الدراسة.

إذ تبين من الصفحات السابقة أن إعلام "الإخوان" مصاب بأوجه قصور وخلل في الهيكلية يكمن في تركيبته وتكوينه وهذا أمر ليس رهيناً بالظرفية كما أنه غير قابل للمعالجة. فعيوب الجماعة من دكتاتورية وإقصاء ونرجسية وغموض وضيق أفق، كلها انتقلت كما لو كانت "جينات" إلى النشاط الإعلامي للجماعة. وغني عن البيان أن الإعلام ربما المجال الأكثر تأثراً وحساسية تجاه هذه الصفات السلبية الكفيلة بالقضاء على أي كيان مجتمعي أو نشاط إنساني.

قائمة المراجع

الكتب:

- أحمد منيسي، الصحافة والإصلاح السياسي في مصر، (القاهرة: مركز الأهرام للدراسات السياسية والاستراتيجية، 2007).

- إريك كوالمان، الجدوى الاقتصادية لوسائل الإعلام الاجتماعي (السعودية: مكتبة جرير الطبعة الأولى، 2014).

- آلان دونو، نظام التفاهة، ترجمة: مشاعل عبدالعزيز الهاجري (بيروت: دار سؤال، الطبعة الأولى، 2020).

- باسم جلال القاسم وربيع محمد الدنان، مصر بين عهدين. مرسي والسيسي.. دراسة مقارنة (بيروت: مركز الزيتونة للدراسات والاستشارات، طبعة إلكترونية، 2016). https://bit.ly/3EY2uYj

- جهاد الخازن، المحافظون الجدد والمسيحيون الصهيونيون، (بيروت: دار الساقي، الطبعة الأولى، 2005).

- خالد عزب، الهوية والإعلام.. مستقبل المجتمعات وتدفق المعلومات، سلسلة أوراق، العدد (3)، (مصر: مكتبة الإسكندرية، 2011).

- ريتشارد إي نيسبت، جغرافية الفكر.. كيف يفكر الغربيون والآسيويون على نحو مختلف... ولماذا؟، ترجمة: شوقي جلال، (الكويت: عالم المعرفة، 2005).

- زكي نجيب محمود، حصاد السنين (القاهرة: دار الشروق، الطبعة السادسة، 2018).

- عبدالله الغذامي، الثقافة التلفزيونية.. سقوط النخبة وبروز الشعبي، (بيروت: المركز الثقافي العربي، الطبعة الأولى، 2004).

- عمار علي حسن، انتحار الإخوان: انطفاء الفكرة وسقوط الأخلاق وتصدع القيم (القاهرة: دار نهضة مصر، 2013).

- فواز جرجس، داعش إلى أين.. جهاديو ما بعد القاعدة، ترجمة: محمد شيا (بيروت: مركز دراسات الوحدة العربية، الطبعة الأولى، 2016).

- يسري فودة، آخر الكلام.. شهادة أمل في ثورة مصر، (القاهرة: دار الشروق، الطبعة الأولى، 2016).

- يوسف جمعة الحداد، الإعلام الإماراتي وإدارة الأزمات في عصر الثورة الرقمية، (الإمارات: مركز ياس للتنمية الإدارية، الطبعة الأولى، 2020).

الصحف والمواقع الإلكترونية:

- أحمد فوزي سالم، "في ذكرى تأسيسها الـ 90.. كيف تحول إعلام الإخوان إلى دب يسعى لقتل صاحبه؟"، نون بوست، 9 مارس 2018. https://bit.ly/3lceiLF

- أسامة الرشيدي، "الإعلام وحرب الشائعات في عهد مرسي"، المعهد المصري للدراسات، 23 مارس 2017. https://bit.ly/3kQ7CFV

- "إسطنبول عاصمة الإعلام الموجه ضد العرب"، صحيفة "العرب" اللندنية، 22 إبريل 2020. https://bit.ly/2KJ398v

- "الإخوان العرب خسروا أوطانهم.. فهل كسبوا تركيا"، صحيفة العرب اللندنية. https://bit.ly/2KCnjRy

- السعد المنهالي، "تحت الضوء"، جريدة "الاتحاد" الإماراتية، 20 يوليو 2019. https://bit.ly/2Hz8L3T

- "السعار الإخواني للسيطرة على وسائل الإعلام"، موقع ليفانت نيوز على يوتيوب، 11 مايو 2020. https://www.youtube.com/watch?v=cj4uZq_uQK8

- الملاحظ الصحفي، "باسم يوسف وإبراهيم عيسى. وفضائيات الشرعية"، مجلة "المجلة"، عدد 30 ديسمبر 2012. https://bit.ly/376qhp6

- أنديانا خالد، "رائد الحقد والتزييف.. إعلام الإخوان يفشل في التحريض على الدولة المصرية"، المرجع، 2 مايو 2020. https://www.almarjie-paris.com/14937

- خالد أبوالروس، "مساجد الإخوان"، مجلة "المجلة" لندن، 18 مارس 2020. https://bit.ly/3nStsHC

- شايع الوقيان "صورة الأنا في الخطاب الإعلامي الديني"، موقع كيوبوست، 27 أغسطس 2020. https://bit.ly/3fyX4Xu

- عبدالرحمن الراشد، "الحياة بلا «إخوان»"، موقع الشرق الأوسط،18 نوفمبر 2020. https://bit.ly/2HzTqQJ

- علاء الأسواني، "الحقائق القديمة لا تمحوها البروباغندا"، موقع DW بالعربي، 18 أغسطس 2020. https://bit.ly/3l6ZbmD

- محمد خلفان الصوافي، "عودة غير مرحبة: الإخوان المسلمون والتوظيف السلبي لتطبيق كلوب هاوس"، مركز تريندز للبحوث والاستشارات، 2 مارس 2021. https://bit.ly/3gAXpuv

- معتز زاهر، "الحاضنة الشعبية للحركات الجهادية"، المعهد المصري للدراسات، 14 نوفمبر 2017. https://bit.ly/2KF4gGg

- ممدوح الشيخ، "في نقد خطاب الإسلاميين الإعلامي"، مركز الفكر الاستراتيجي، 01 نوفمبر 2014. https://bit.ly/36ax4P3

- نادية مبروك، "تجار الثورة.. إعلام الإخوان يفضح نفسه عشية 25 يناير"، صحيفة "الرؤية" الإماراتية، 22 يناير 2020. https://bit.ly/2V4FgKE

- "«مجلس الإمارات للإفتاء الشرعي» يؤكد تجريم تنظيم «الإخوان» واعتباره منظمة إرهابية"، موقع الإمارات اليوم، 23 نوفمبر 2020. https://bit.ly/39NgyFQ

- "هيئة كبار العلماء: جماعة "الإخوان المسلمين" جماعة إرهابية لا تمثل منهج الإسلام وإنما تتبع أهدافها الحزبية المخالفة لهدي ديننا الحنيف"، موقع وكالة الأنباء السعودية، 10 نوفمبر 2020. https://www.spa.gov.sa/2155560

- Saimon Cottee, "Why It's So Hard to Stop ISIS Propaganda", The Atlantic, 2 March 2015.https://bit.ly/3krJdVT

نبذة عن المؤلف

يشغل أ. محمد خلفان الصوافي حالياً منصب مدير إدارة الإعلام البرلماني في المجلس الوطني الاتحادي، وقبل هذا عمل لدى مركز الإمارات للدراسات والبحوث الاستراتيجية باحثاً في الشؤون الخليجية، ومحرراً في إدارة الإعلام، ومديراً لإدارة النشر العلمي، وهو حاصل على درجة الماجستير في العلاقات الدولية من جامعة كوفنتري في بريطانيا.

يكتب أ. محمد الصوافي مقالات أسبوعية في عدد من الصحف الإماراتية مرتبطة بقضايا الإسلام السياسي وإيران منها: الاتحاد، البيان، بوابة العين الإخبارية، وله عمود شهري في مجلة درع الوطن، ومجلة الجندي، ومجلة الإمارات الثقافية. كما يشارك الأستاذ الصوافي في برامج حوارية تلفزيونية يُدلي فيها برأيه حول السياسات الخارجية لدولة الإمارات العربية المتحدة.